Cover
Tamás Miklós Fülep

Illustrations
Victoria Candler

Editor
Ranjit Singh Seehra

Kalwinder

Singh

Dhindsa

ISBN-10: 1546689133
ISBN-13: 978 – 1546689133

@KhalSir
@PearTreeDerby
www.khalsir.com

This book belongs to:

Garan

Chagar

Gurusinghe

レイラ　ラマン

ੳ ਅ ੲ ਸ ਹ

ਕ ਖ ਗ ਘ ਙ

ਚ ਛ ਜ ਝ ਞ

ਟ ਠ ਡ ਢ ਣ

ਤ ਥ ਦ ਧ ਨ

ਪ ਫ ਬ ਭ ਮ

ਯ ਰ ਲ ਵ ੜ

ਸ਼ ਖ਼ ਗ਼ ਜ਼ ਫ਼

ਲ਼

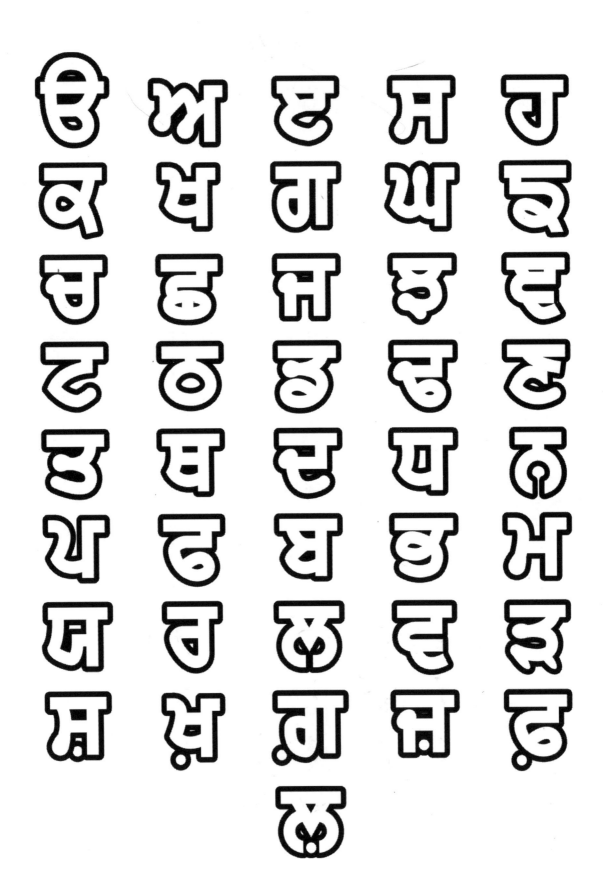

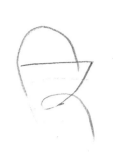

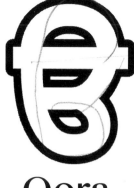

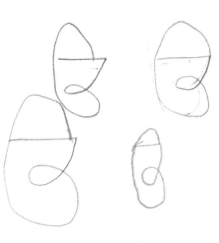

Oora

ਊਠ (ooth) Camel

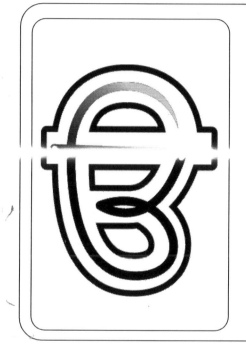

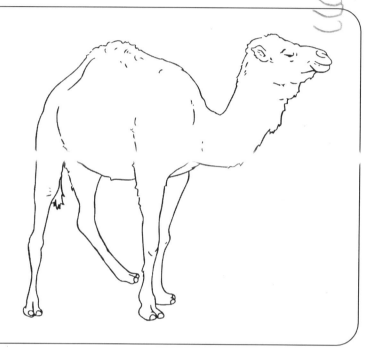

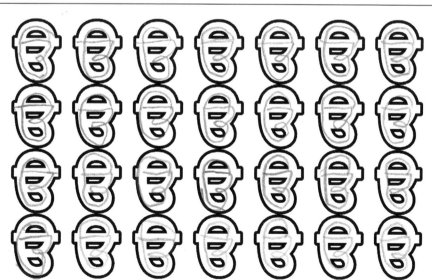

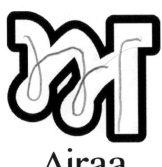

ਅ

Airaa

ਅੰਬ (amb) Mango

ਅ

ਅ ਅ ਅ ਅ ਅ ਅ ਅ
ਅ ਅ ਅ ਅ ਅ ਅ ਅ
ਅ ਅ ਅ ਅ ਅ ਅ ਅ
ਅ ਅ ਅ ਅ ਅ ਅ ਅ

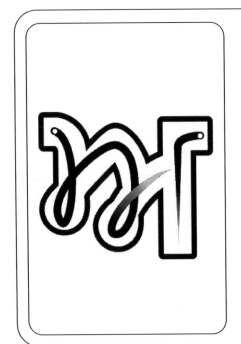

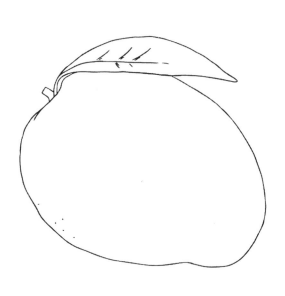

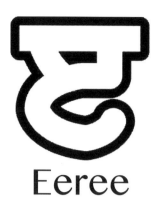

ੲ

Eeree

ਇੱਲ (il) Eagle

ੲ ੲ ੲ ੲ ੲ ੲ ੲ

ੲ ੲ ੲ ੲ ੲ ੲ ੲ

ੲ ੲ ੲ ੲ ੲ ੲ ੲ

ੲ ੲ ੲ ੲ ੲ ੲ ੲ

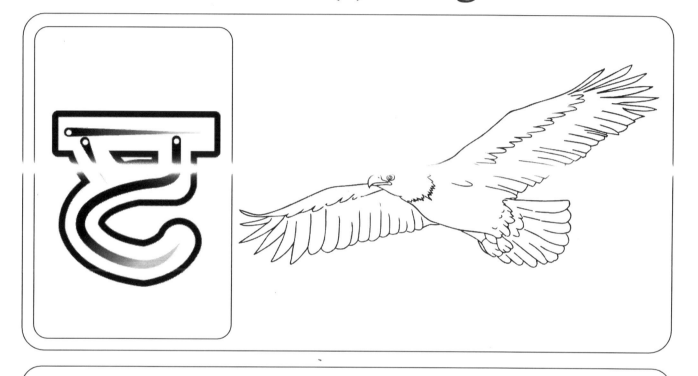

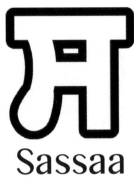

ਸ

Sassaa

ਸੇਬ (sayb) Apple

ਸ ਸ ਸ ਸ ਸ ਸ ਸ
ਸ ਸ ਸ ਸ ਸ ਸ ਸ
ਸ ਸ ਸ ਸ ਸ ਸ ਸ
ਸ ਸ ਸ ਸ ਸ ਸ ਸ

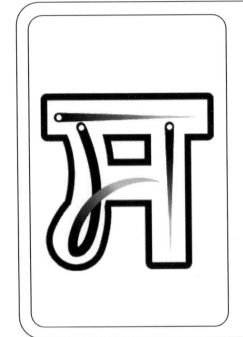

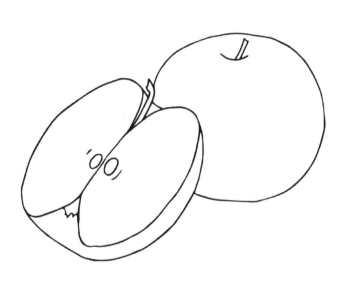

ਹ

Hahaa

ਹਾਥੀ (hathee) Elephant

ਹ ਹ ਹ ਹ ਹ ਹ ਹ
ਹ ਹ ਹ ਹ ਹ ਹ ਹ
ਹ ਹ ਹ ਹ ਹ ਹ ਹ
ਹ ਹ ਹ ਹ ਹ ਹ ਹ

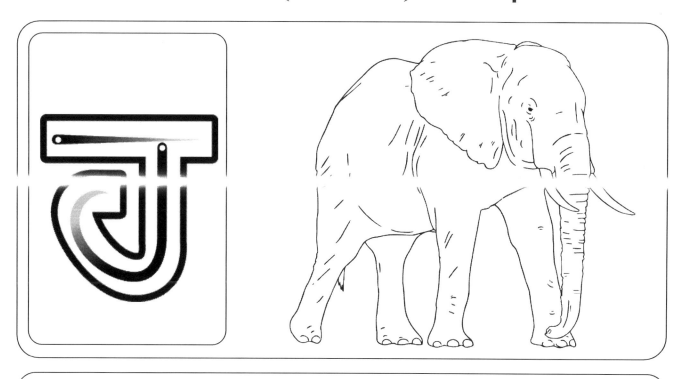

Kakaa
(kelaa)   Banana

केला

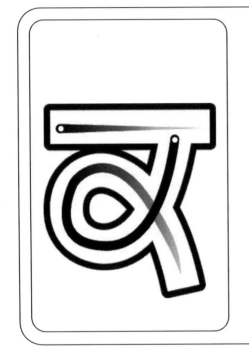

ब ब ब ब ब ब ब
ब ब ब ब ब ब ब
ब ब ब ब ब ब ब

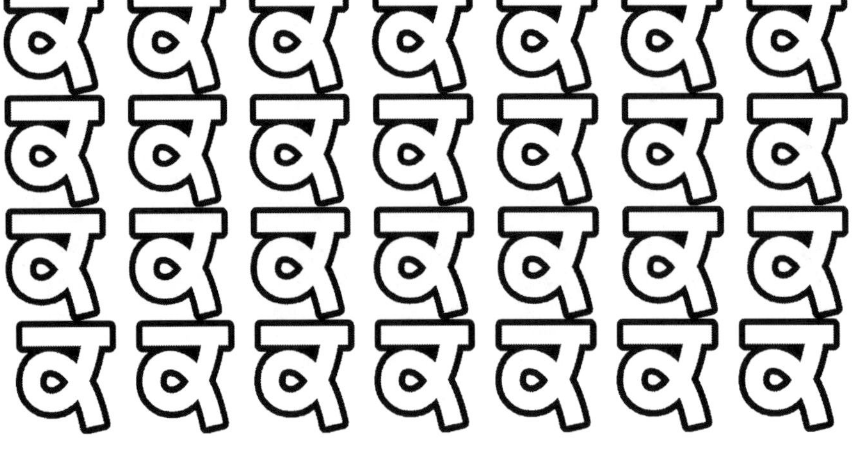

ਖ

Khakhaa

ਖੀਰਾ (kheera) Cucumber

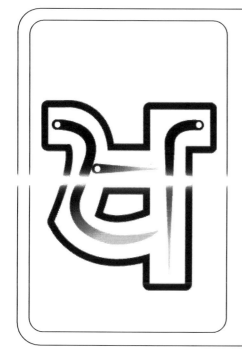

ਖ ਖ ਖ ਖ ਖ ਖ ਖ
ਖ ਖ ਖ ਖ ਖ ਖ ਖ
ਖ ਖ ਖ ਖ ਖ ਖ ਖ
ਖ ਖ ਖ ਖ ਖ ਖ ਖ

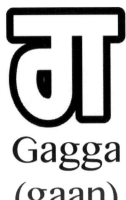

ਗ

Gagga

ਗਾਂ (gaan) Cow

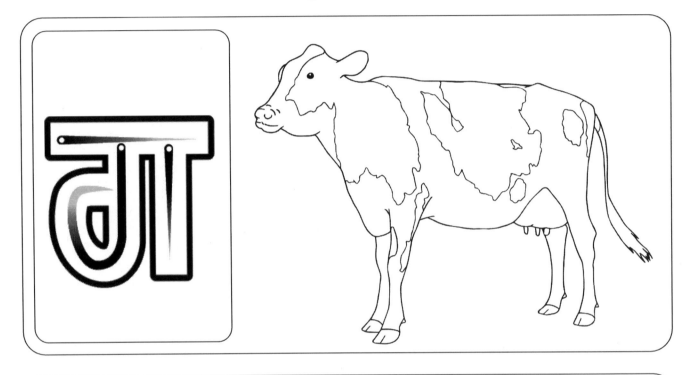

ਗਾ

ਗ ਗ ਗ ਗ ਗ ਗ ਗ
ਗ ਗ ਗ ਗ ਗ ਗ ਗ
ਗ ਗ ਗ ਗ ਗ ਗ ਗ
ਗ ਗ ਗ ਗ ਗ ਗ ਗ

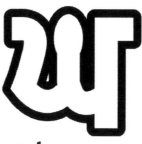

ਘ

Ghagga

ਘਰ (ghar) House

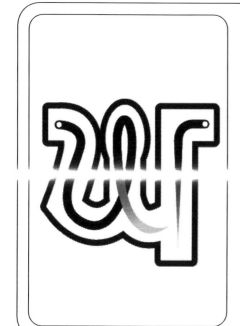

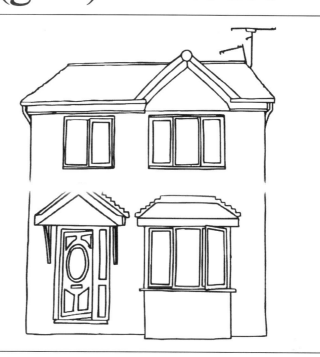

ਘ ਘ ਘ ਘ ਘ ਘ ਘ
ਘ ਘ ਘ ਘ ਘ ਘ ਘ
ਘ ਘ ਘ ਘ ਘ ਘ ਘ
ਘ ਘ ਘ ਘ ਘ ਘ ਘ

Nanga

This letter is not used at the beginning of any word

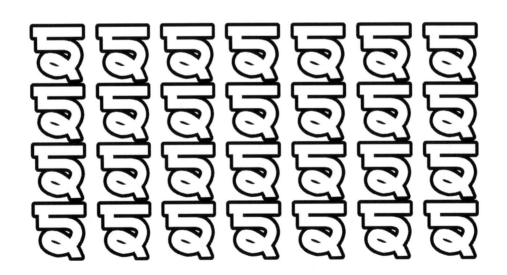

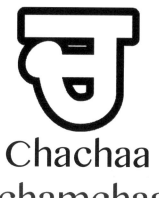

ਚ

Chachaa

ਚਮਚਾ (chamchaa) Spoon

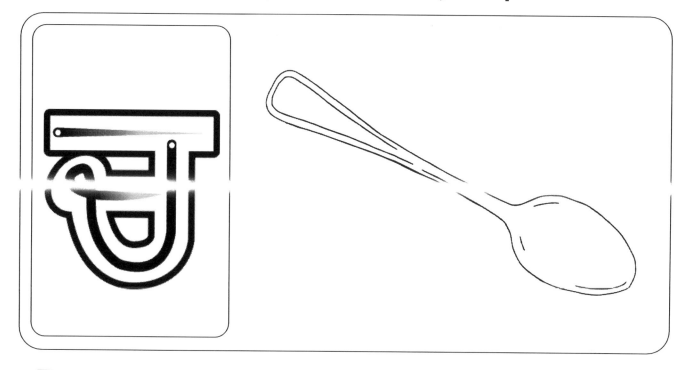

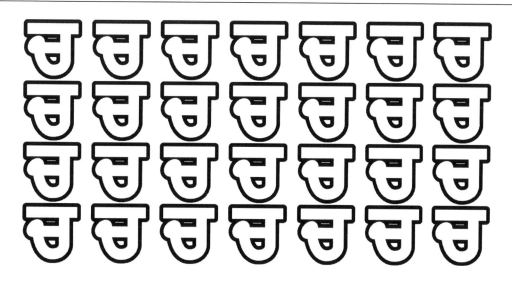

ਛ

Chhachhaa

ਛੱਤਰੀ (chhatree) Umbrella

ਛ ਛ ਛ ਛ ਛ ਛ ਛ
ਛ ਛ ਛ ਛ ਛ ਛ ਛ
ਛ ਛ ਛ ਛ ਛ ਛ ਛ
ਛ ਛ ਛ ਛ ਛ ਛ ਛ

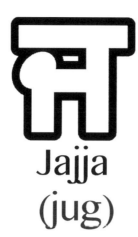

ਜ

Jajja

ਜੱਗ (jug) Jug

ਜ ਜ ਜ ਜ ਜ ਜ ਜ
ਜ ਜ ਜ ਜ ਜ ਜ ਜ
ਜ ਜ ਜ ਜ ਜ ਜ ਜ
ਜ ਜ ਜ ਜ ਜ ਜ ਜ

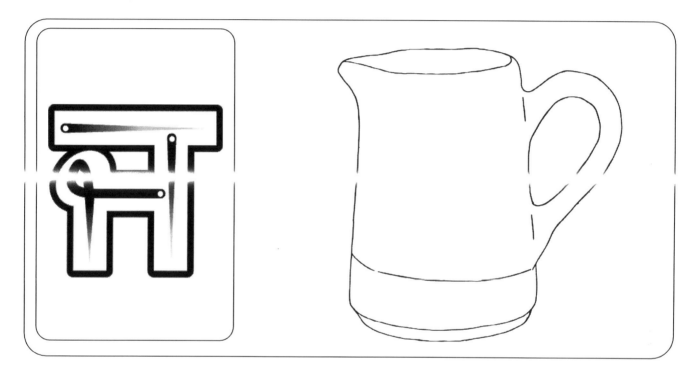

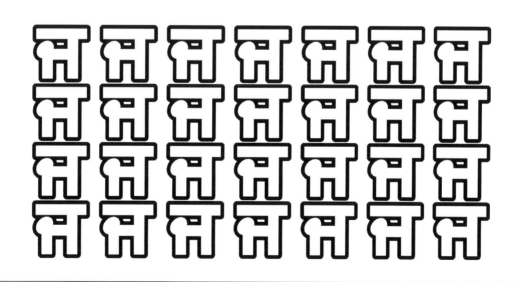

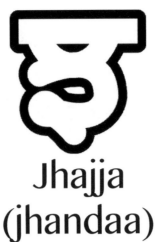

ਝ

Jhajja

ਝੰਡਾ (jhandaa) Flag

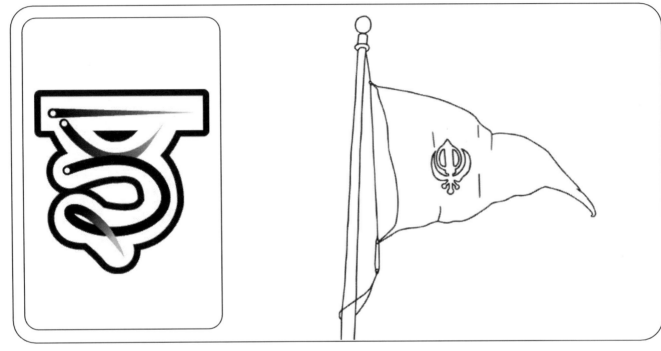

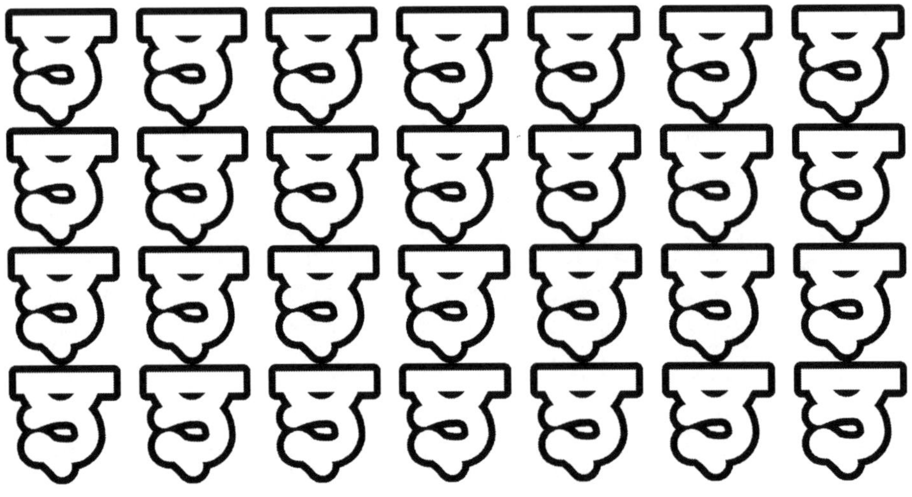

Nayaa

This letter is not used at the beginning of any word

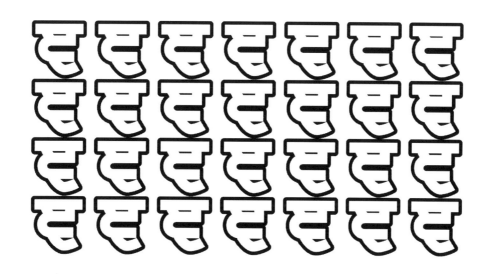

ਟ

Tainkaa

ਟਮਾਟਰ (tamater) Tomato

ਟ ਟ ਟ ਟ ਟ ਟ ਟ
ਟ ਟ ਟ ਟ ਟ ਟ ਟ
ਟ ਟ ਟ ਟ ਟ ਟ ਟ
ਟ ਟ ਟ ਟ ਟ ਟ ਟ

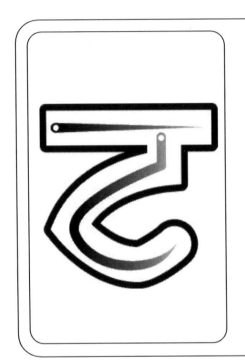

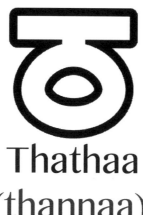

ਠ

Thathaa

ਠਾਣਾ (thannaa) Police Station

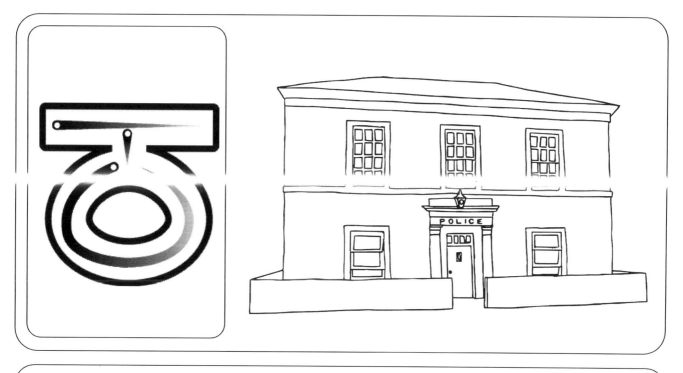

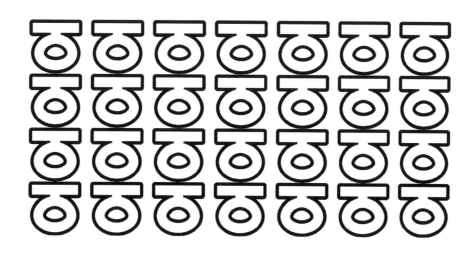

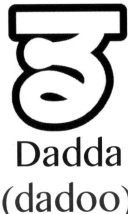

ਡ

Dadda

ਡੱਡੂ (dadoo) Frog

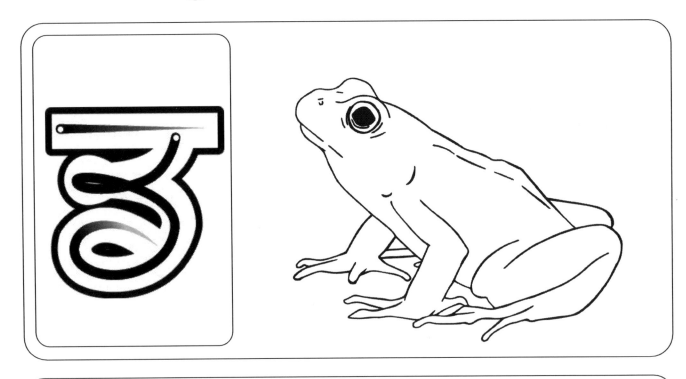

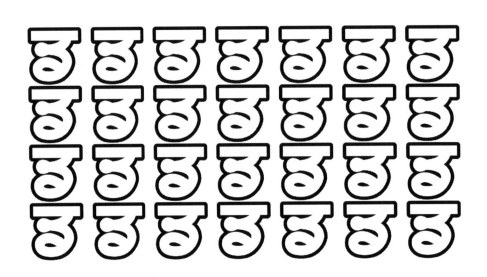

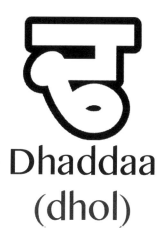

ਢ

Dhaddaa

ਢੋਲ (dhol) Drum

ਢ

ਢ ਢ ਢ ਢ ਢ ਢ ਢ
ਢ ਢ ਢ ਢ ਢ ਢ ਢ
ਢ ਢ ਢ ਢ ਢ ਢ ਢ
ਢ ਢ ਢ ਢ ਢ ਢ ਢ

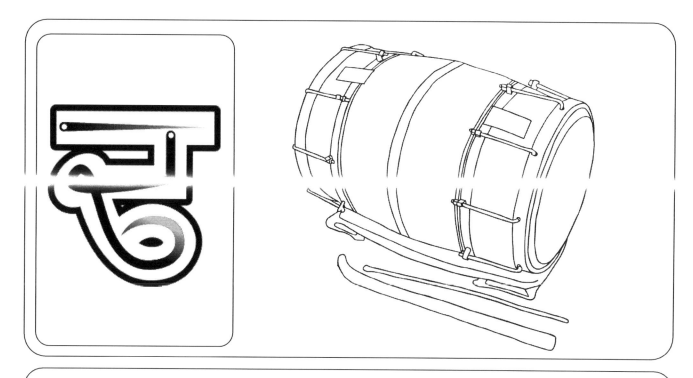

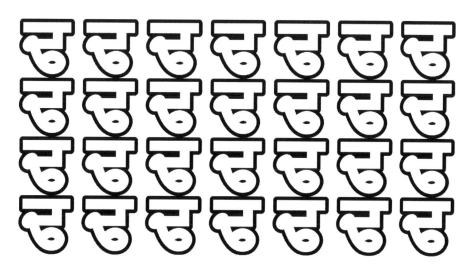

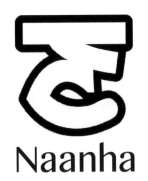

ਣ

Naanha

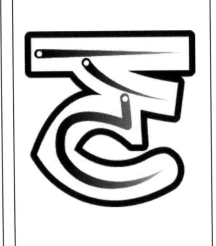

This letter is not used at the beginning of any word

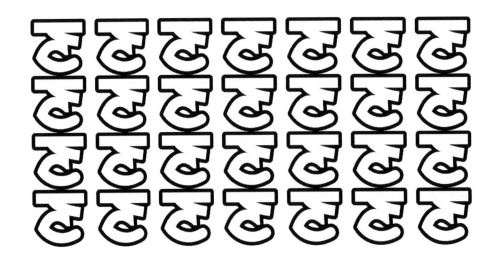

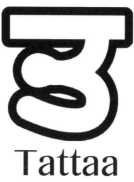

ਤ

Tattaa

ਤਬਲਾ (tabla) Tabla

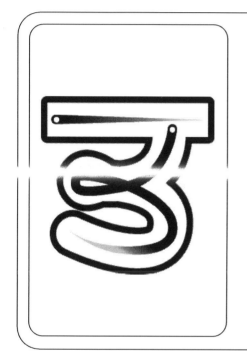

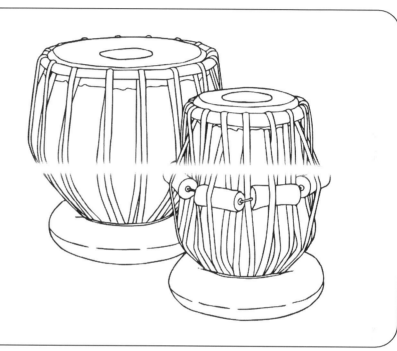

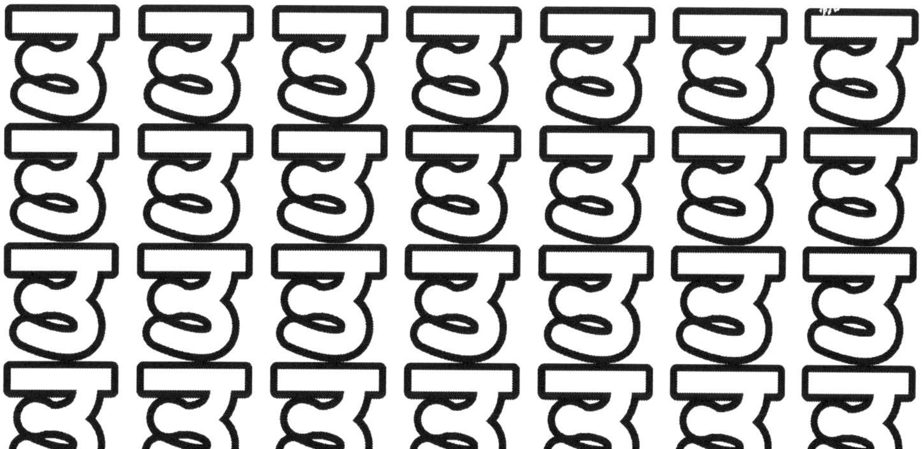

ਥ

Thaththaa

ਥੈਲਾ   (thaylaa)   Bag

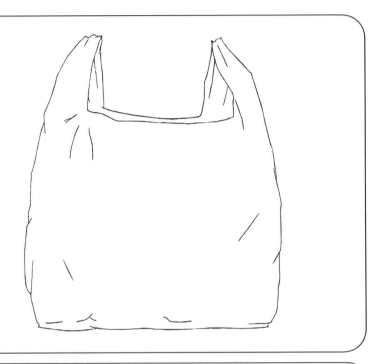

ਥ ਥ ਥ ਥ ਥ ਥ ਥ
ਥ ਥ ਥ ਥ ਥ ਥ ਥ
ਥ ਥ ਥ ਥ ਥ ਥ ਥ
ਥ ਥ ਥ ਥ ਥ ਥ ਥ

ਦ

Daddaa

ਦਰਖ਼ਤ (drakhat) Tree

ਦ ਦ ਦ ਦ ਦ ਦ ਦ
ਦ ਦ ਦ ਦ ਦ ਦ ਦ
ਦ ਦ ਦ ਦ ਦ ਦ ਦ
ਦ ਦ ਦ ਦ ਦ ਦ ਦ

ਧ

Dhaddaa

ਧਾਗਾ (dhaagaa) Thread

ਧ ਧ ਧ ਧ ਧ ਧ ਧ
ਧ ਧ ਧ ਧ ਧ ਧ ਧ
ਧ ਧ ਧ ਧ ਧ ਧ ਧ
ਧ ਧ ਧ ਧ ਧ ਧ ਧ

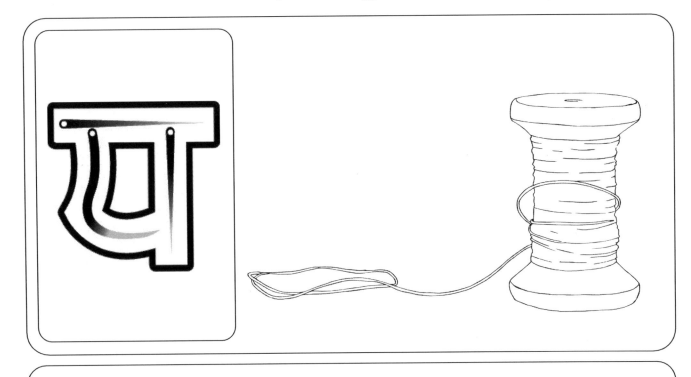

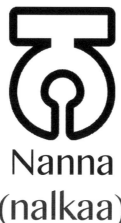

ਨ

Nanna

ਨਲਕਾ (nalkaa) Hand Pump

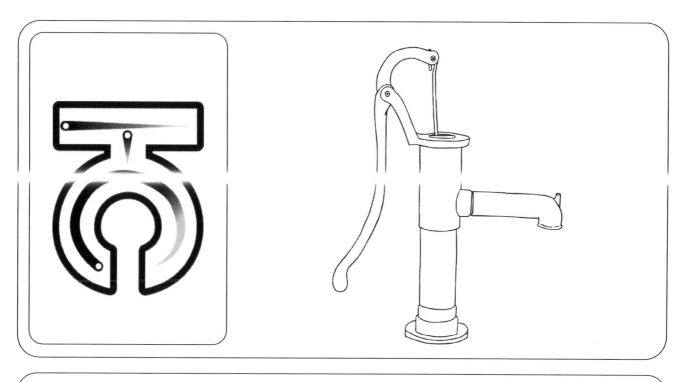

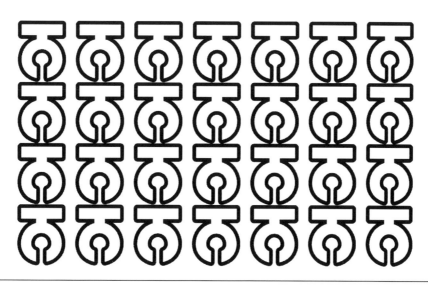

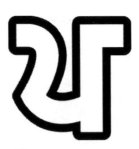

ਪ

Pappaa

ਪਤੰਗ (patang) Kite

ਪ ਪ ਪ ਪ ਪ ਪ ਪ
ਪ ਪ ਪ ਪ ਪ ਪ ਪ
ਪ ਪ ਪ ਪ ਪ ਪ ਪ
ਪ ਪ ਪ ਪ ਪ ਪ ਪ

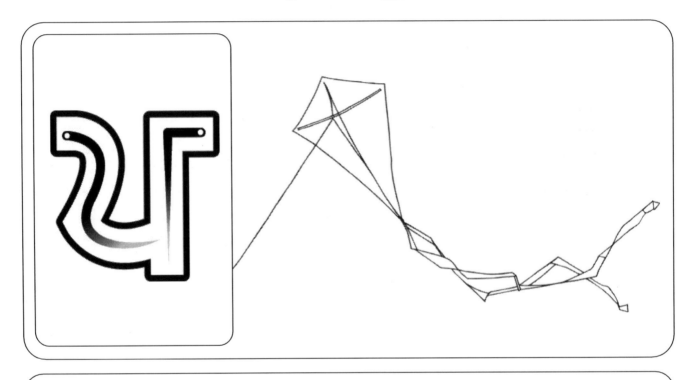

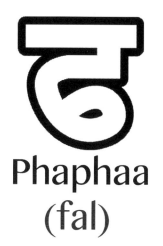

ਫ

Phaphaa

ਫਲ (fal) Fruit

ਫ ਫ ਫ ਫ ਫ ਫ ਫ
ਫ ਫ ਫ ਫ ਫ ਫ ਫ
ਫ ਫ ਫ ਫ ਫ ਫ ਫ
ਫ ਫ ਫ ਫ ਫ ਫ ਫ

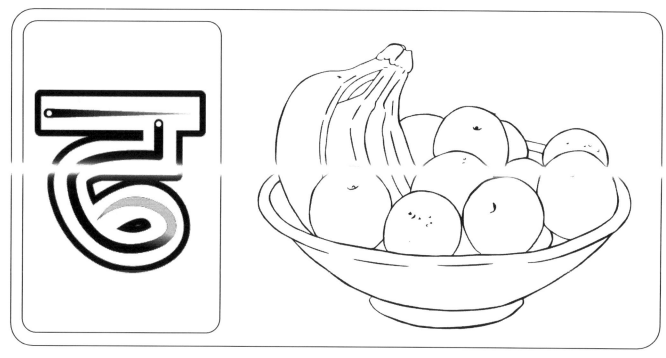

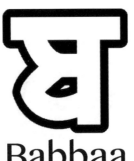

ਬ

Babbaa

ਬੱਤਖ਼ (battakh) Duck

ਬ ਬ ਬ ਬ ਬ ਬ ਬ
ਬ ਬ ਬ ਬ ਬ ਬ ਬ
ਬ ਬ ਬ ਬ ਬ ਬ ਬ
ਬ ਬ ਬ ਬ ਬ ਬ ਬ

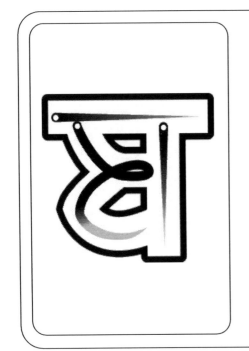

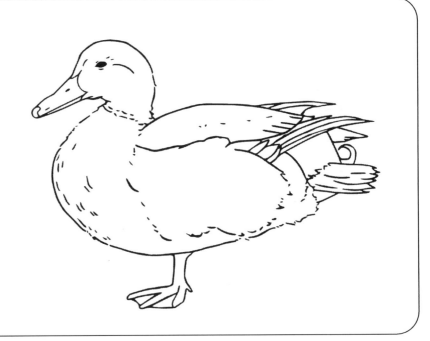

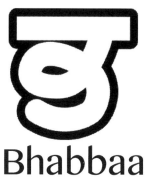

ਭ

Bhabbaa

ਭੇਡ (bheyd) Sheep

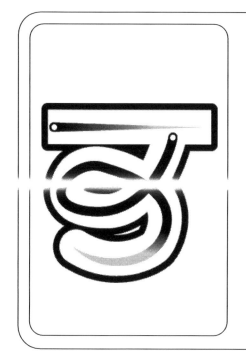

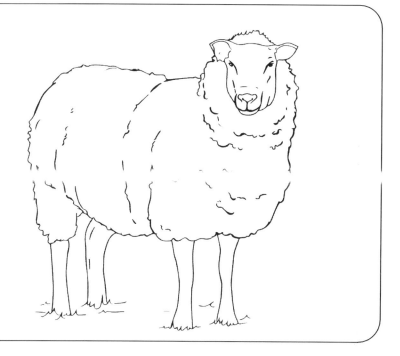

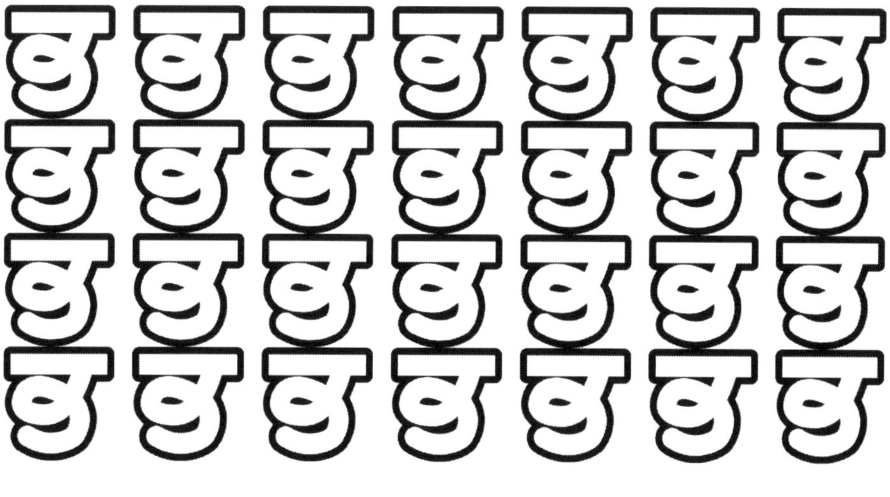

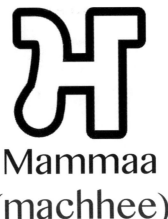

ਮ

Mammaa

ਮੱਛੀ (machhee) Fish

ਮ

ਮ ਮ ਮ ਮ ਮ ਮ ਮ
ਮ ਮ ਮ ਮ ਮ ਮ ਮ
ਮ ਮ ਮ ਮ ਮ ਮ ਮ
ਮ ਮ ਮ ਮ ਮ ਮ ਮ

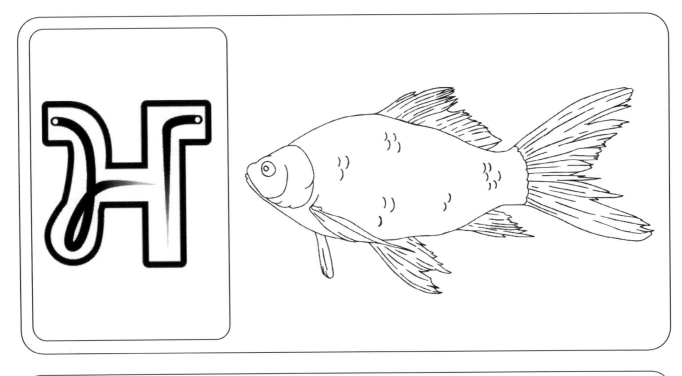

Yayyaa
(yak)　Yak

जाक

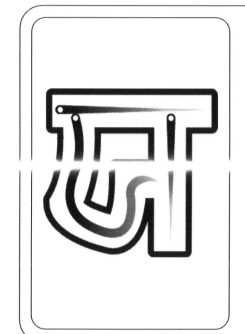

ज्ञ ज्ञ ज्ञ ज्ञ ज्ञ ज्ञ ज्ञ
ज्ञ ज्ञ ज्ञ ज्ञ ज्ञ ज्ञ ज्ञ
ज्ञ ज्ञ ज्ञ ज्ञ ज्ञ ज्ञ ज्ञ
ज्ञ ज्ञ ज्ञ ज्ञ ज्ञ ज्ञ ज्ञ

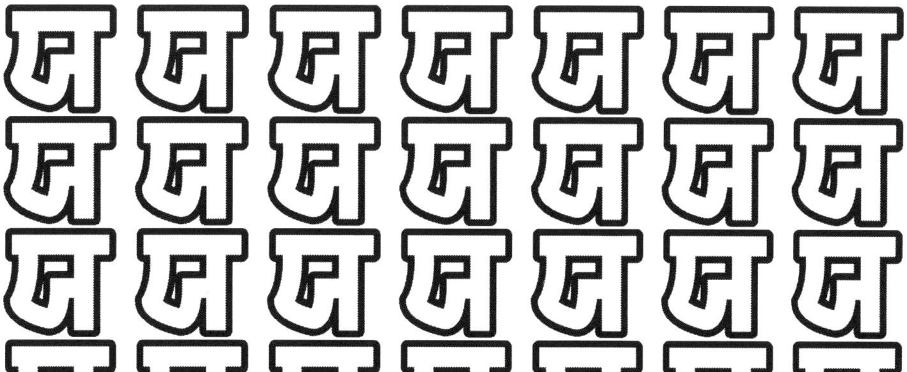

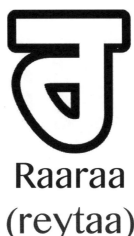

ਰ

Raaraa

ਰੇਤਾ (reytaa) Sand

ਰ

ਰ ਰ ਰ ਰ ਰ ਰ ਰ
ਰ ਰ ਰ ਰ ਰ ਰ ਰ
ਰ ਰ ਰ ਰ ਰ ਰ ਰ
ਰ ਰ ਰ ਰ ਰ ਰ ਰ

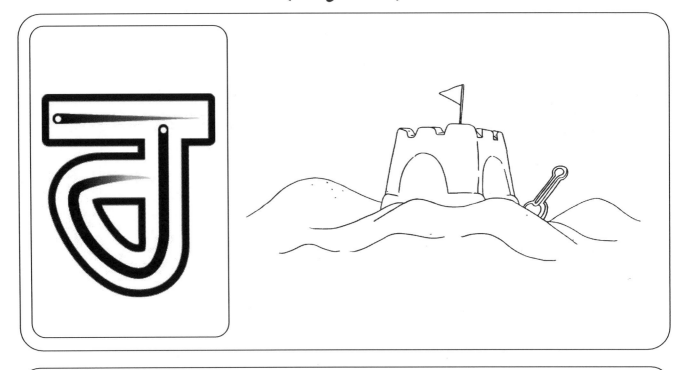

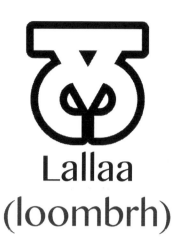

ਲ

Lallaa

ਲੂੰਬੜ (loombrh) Fox

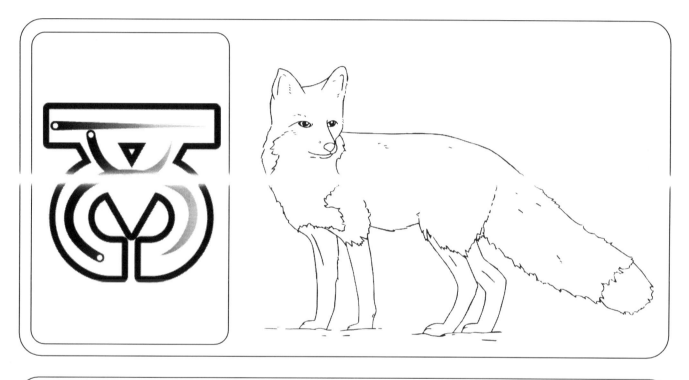

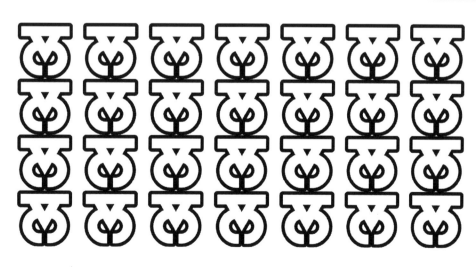

ਵ

Vaavaaa

ਵਾਜਾ (vaajaa) Harmonium

ਵ ਵ ਵ ਵ ਵ ਵ ਵ
ਵ ਵ ਵ ਵ ਵ ਵ ਵ
ਵ ਵ ਵ ਵ ਵ ਵ ਵ
ਵ ਵ ਵ ਵ ਵ ਵ ਵ

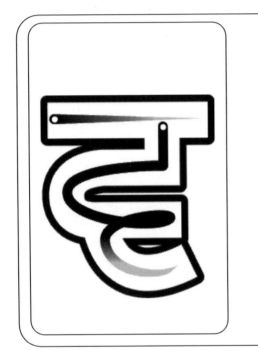

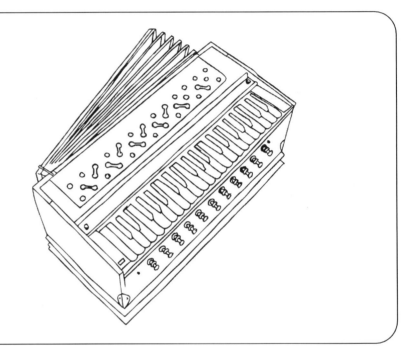

ੜ

Rhaarhaaa

This letter is not used at the beginning of any word

ੜ ੜ ੜ ੜ ੜ ੜ ੜ
ੜ ੜ ੜ ੜ ੜ ੜ ੜ
ੜ ੜ ੜ ੜ ੜ ੜ ੜ
ੜ ੜ ੜ ੜ ੜ ੜ ੜ

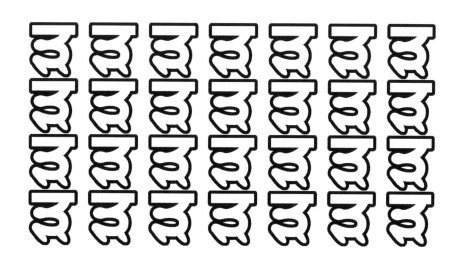

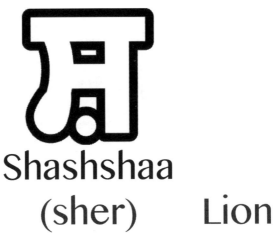

ਸ਼

Shashshaa

ਸ਼ੇਰ (sher) Lion

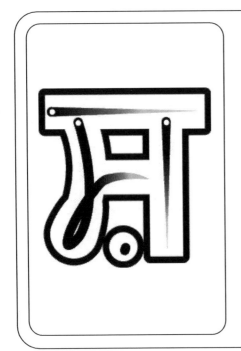

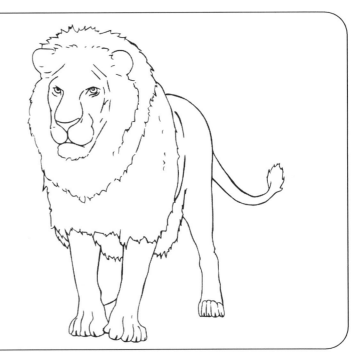

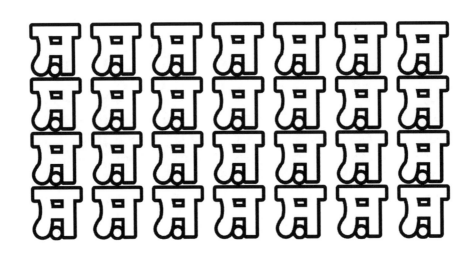

ਖ਼

Khakhhaa

ਖ਼ਰਗੋਸ਼ (khargosh) Rabbit

ਖ਼

ਖ਼ ਖ਼ ਖ਼ ਖ਼ ਖ਼ ਖ਼ ਖ਼
ਖ਼ ਖ਼ ਖ਼ ਖ਼ ਖ਼ ਖ਼ ਖ਼
ਖ਼ ਖ਼ ਖ਼ ਖ਼ ਖ਼ ਖ਼ ਖ਼
ਖ਼ ਖ਼ ਖ਼ ਖ਼ ਖ̖ ਖ਼ ਖ਼

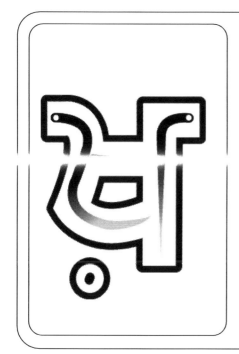

ਗ਼

Gagghaa

ਗ਼ੁਬਾਰਾ (gubaarraa) Balloon

ਗ਼ ਗ਼ ਗ਼ ਗ਼ ਗ਼ ਗ਼ ਗ਼
ਗ਼ ਗ਼ ਗ਼ ਗ਼ ਗ਼ ਗ਼ ਗ਼
ਗ਼ ਗ਼ ਗ਼ ਗ਼ ਗ਼ ਗ਼ ਗ਼
ਗ਼ ਗ਼ ਗ਼ ਗ਼ ਗ਼ ਗ਼ ਗ਼

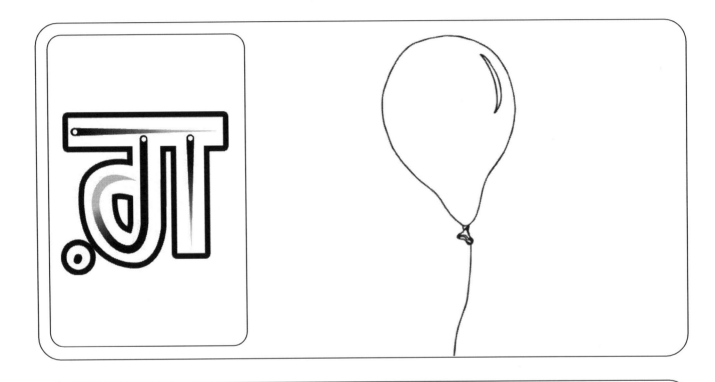

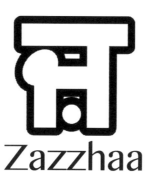

ਜ਼

Zazzhaa

ਜ਼ੰਜੀਰ (zanzeer) Chain

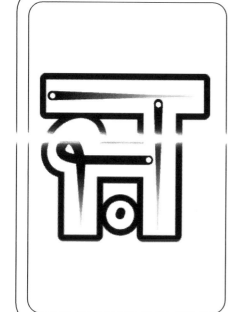

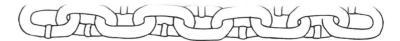

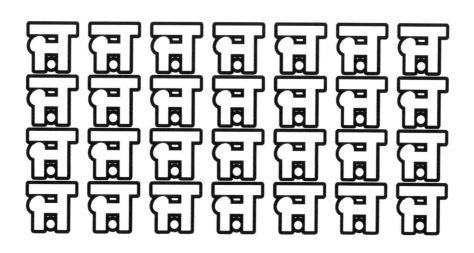

ਫ਼

Faffhaa

ਫ਼ੁਹਾਰਾ (fhoohaaraa) Fountain

ਫ਼

ਫ਼ ਫ਼ ਫ਼ ਫ਼ ਫ਼ ਫ਼ ਫ਼
ਫ਼ ਫ਼ ਫ਼ ਫ਼ ਫ਼ ਫ਼ ਫ਼
ਫ਼ ਫ਼ ਫ਼ ਫ਼ ਫ਼ ਫ਼ ਫ਼
ਫ਼ ਫ਼ ਫ਼ ਫ਼ ਫ਼ ਫ਼ ਫ਼

Lallhaa

This letter is not used at the beginning of any word

ੳ ਅ ੲ ਸ ਹ

ਕ ਖ ਗ ਘ ਙ

ਚ ਛ ਜ ਝ ਞ

ਟ ਠ ਡ ਢ ਣ

ਤ ਥ ਦ ਧ ਨ

ਪ ਫ ਬ ਭ ਮ

ਯ ਰ ਲ ਵ ੜ

ਸ਼ ਖ਼ ਗ਼ ਜ਼ ਫ਼

ਲ਼

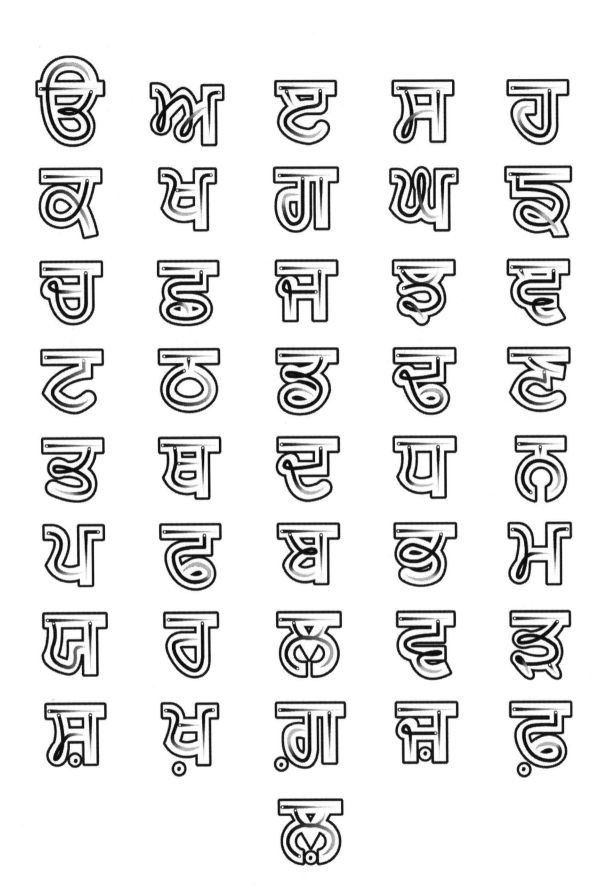

ੳ ਅ ੲ ਸ ਹ

ਕ ਖ ਗ ਘ ਙ

ਚ ਛ ਜ ਝ ਞ

ਟ ਠ ਡ ਢ ਣ

ਤ ਥ ਦ ਧ ਨ

ਪ ਫ ਬ ਭ ਮ

ਯ ਰ ਲ ਵ ੜ

ਸ਼ ਖ਼ ਗ਼ ਜ਼ ਫ਼

ਲ਼

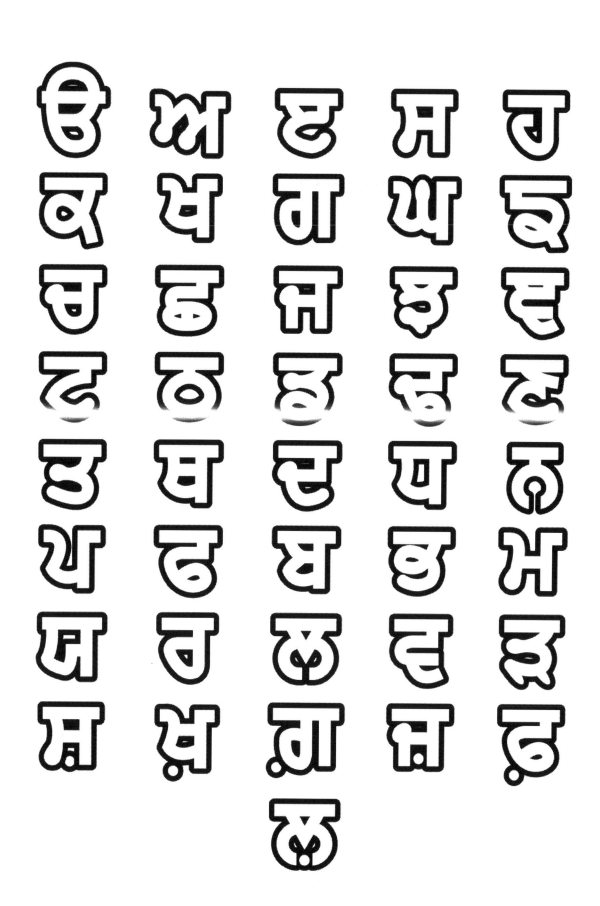

ੳ ਅ ੲ ਸ ਹ

ਕ ਖ ਗ ਘ ਙ

ਚ ਛ ਜ ਝ ਞ

ਟ ਠ ਡ ਢ ਣ

ਤ ਥ ਦ ਧ ਨ

ਪ ਫ ਬ ਭ ਮ

ਯ ਰ ਲ ਵ ੜ

ਸ਼ ਖ਼ ਗ਼ ਜ਼ ਫ਼

ਲ਼

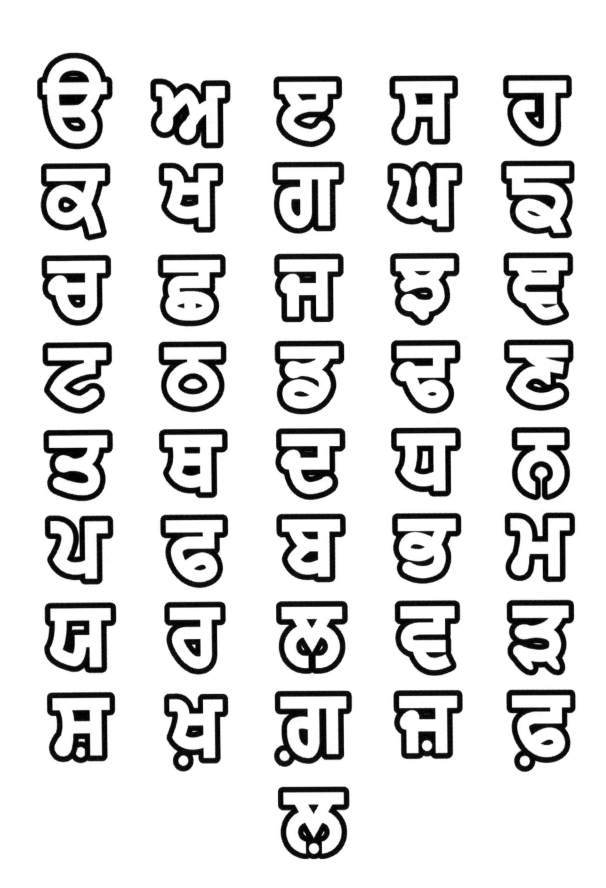

ੳ ਅ ੲ ਸ ਹ

ਕ ਖ ਗ ਘ ਙ

ਚ ਛ ਜ ਝ ਞ

ਟ ਠ ਡ ਢ ਣ

ਤ ਥ ਦ ਧ ਨ

ਪ ਫ ਬ ਭ ਮ

ਯ ਰ ਲ ਵ ੜ

ਸ਼ ਖ਼ ਗ਼ ਜ਼ ਫ਼

ਲ਼

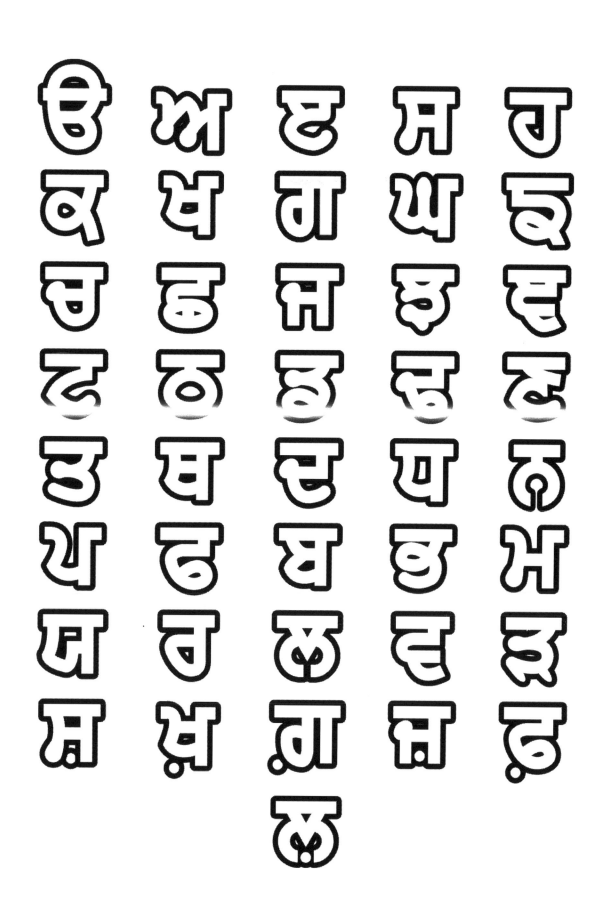

ੳ ਅ ੲ ਸ ਹ

ਕ ਖ ਗ ਘ ਙ

ਚ ਛ ਜ ਝ ਞ

ਟ ਠ ਡ ਢ ਣ

ਤ ਥ ਦ ਧ ਨ

ਪ ਫ ਬ ਭ ਮ

ਯ ਰ ਲ ਵ ੜ

ਸ਼ ਖ਼ ਗ਼ ਜ਼ ਫ਼

ਲ਼

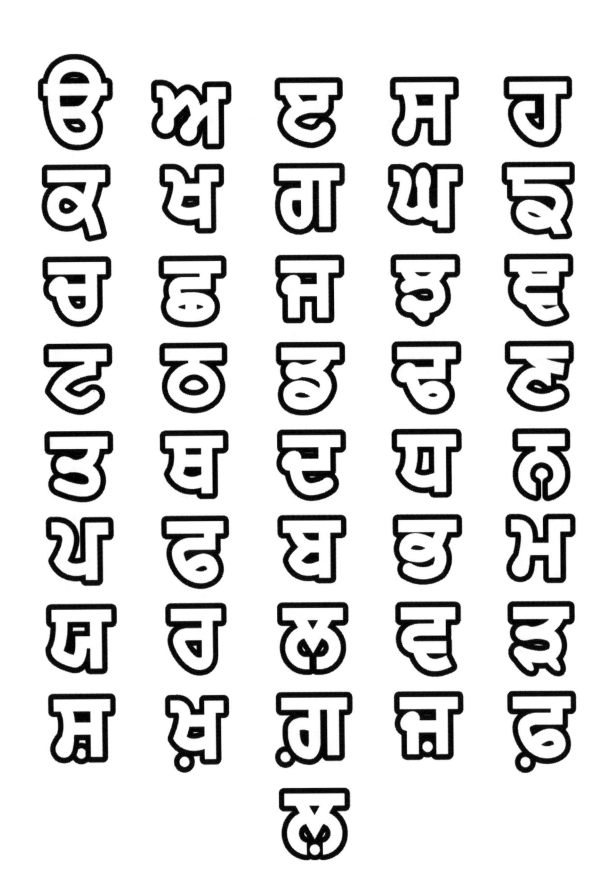

ੳ ਅ ੲ ਸ ਹ

ਕ ਖ ਗ ਘ ਙ

ਚ ਛ ਜ ਝ ਞ

ਟ ਠ ਡ ਢ ਣ

ਤ ਥ ਦ ਧ ਨ

ਪ ਫ ਬ ਭ ਮ

ਯ ਰ ਲ ਵ ੜ

ਸ਼ ਖ਼ ਗ਼ ਜ਼ ਫ਼

ਲ਼

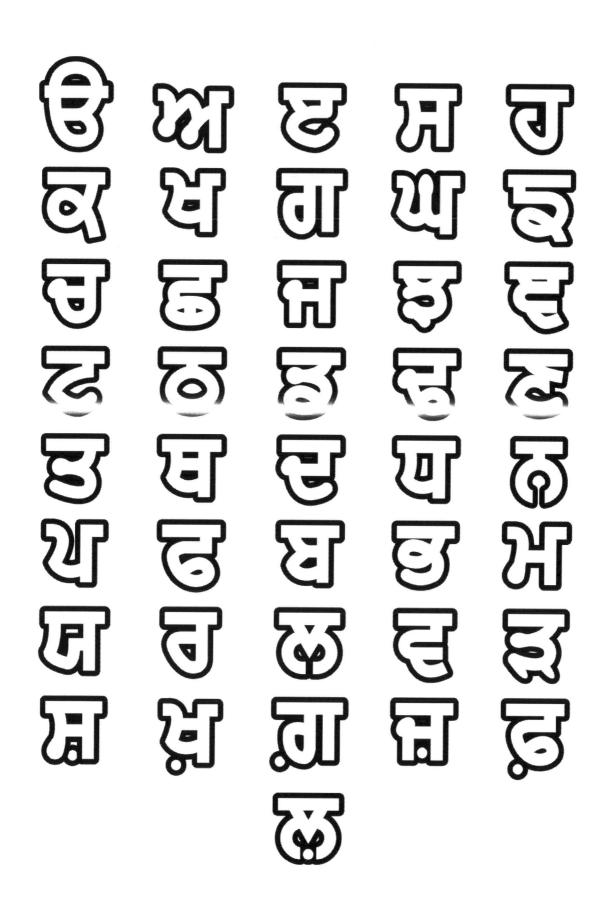

ੳ ਅ ੲ ਸ ਹ

ਕ ਖ ਗ ਘ ਙ

ਚ ਛ ਜ ਝ ਞ

ਟ ਠ ਡ ਢ ਣ

ਤ ਥ ਦ ਧ ਨ

ਪ ਫ ਬ ਭ ਮ

ਯ ਰ ਲ ਵ ੜ

ਸ਼ ਖ਼ ਗ਼ ਜ਼ ਫ਼

ਲ਼

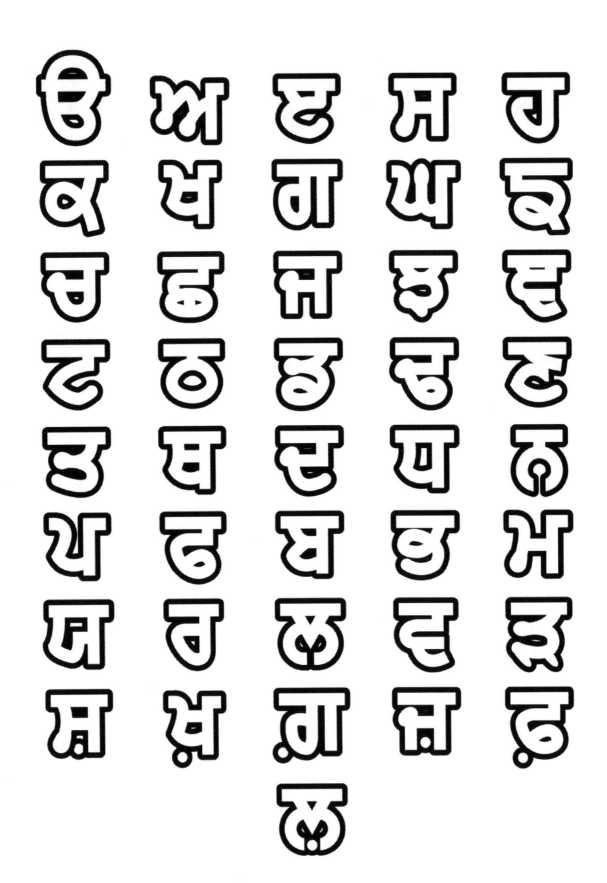

ੳ ਅ ੲ ਸ ਹ

ਕ ਖ ਗ ਘ ਙ

ਚ ਛ ਜ ਝ ਞ

ਟ ਠ ਡ ਢ ਣ

ਤ ਥ ਦ ਧ ਨ

ਪ ਫ ਬ ਭ ਮ

ਯ ਰ ਲ ਵ ੜ

ਸ਼ ਖ਼ ਗ਼ ਜ਼ ਫ਼

ਲ਼

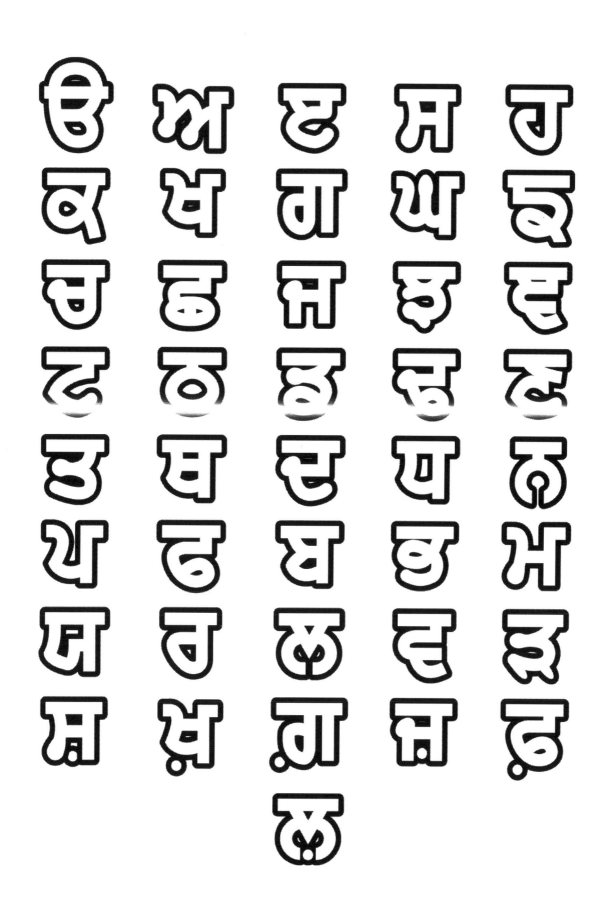

ੳ ਅ ੲ ਸ ਹ

ਕ ਖ ਗ ਘ ਙ

ਚ ਛ ਜ ਝ ਞ

ਟ ਠ ਡ ਢ ਣ

ਤ ਥ ਦ ਧ ਨ

ਪ ਫ ਬ ਭ ਮ

ਯ ਰ ਲ ਵ ੜ

ਸ਼ ਖ਼ ਗ਼ ਜ਼ ਫ਼

ਲ਼

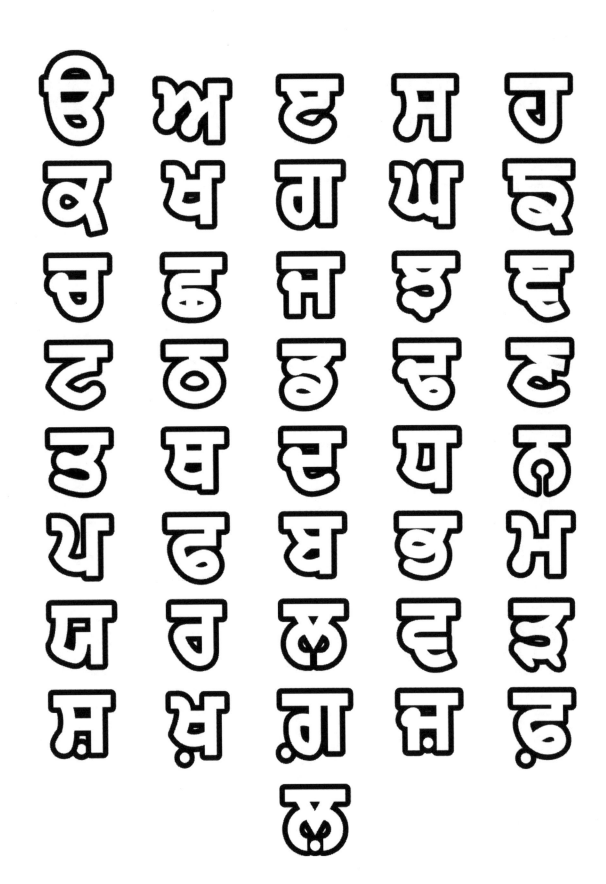

ੳ ਅ ੲ ਸ ਹ

ਕ ਖ ਗ ਘ ਙ

ਚ ਛ ਜ ਝ ਞ

ਟ ਠ ਡ ਢ ਣ

ਤ ਥ ਦ ਧ ਨ

ਪ ਫ ਬ ਭ ਮ

ਯ ਰ ਲ ਵ ੜ

ਸ਼ ਖ਼ ਗ਼ ਜ਼ ਫ਼

ਲ਼

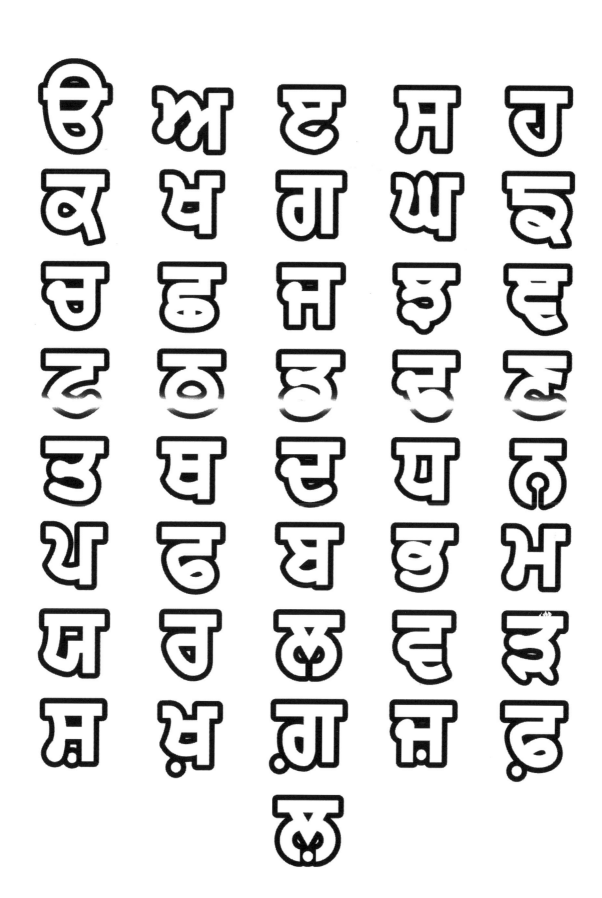

ੳ ਅ ੲ ਸ ਹ

ਕ ਖ ਗ ਘ ਙ

ਚ ਛ ਜ ਝ ਞ

ਟ ਠ ਡ ਢ ਣ

ਤ ਥ ਦ ਧ ਨ

ਪ ਫ ਬ ਭ ਮ

ਯ ਰ ਲ ਵ ੜ

ਸ਼ ਖ਼ ਗ਼ ਜ਼ ਫ਼

ਲ਼

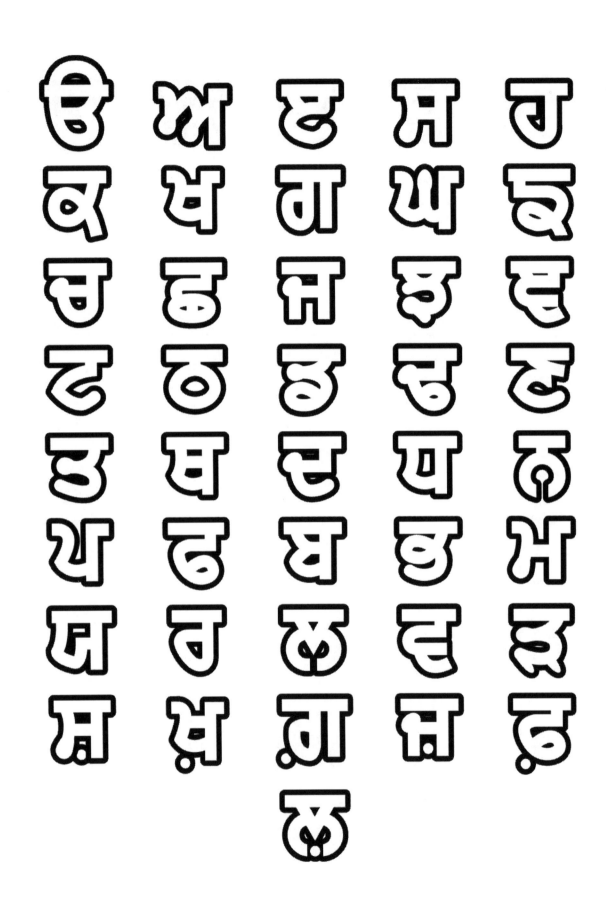

ੳ ਅ ੲ ਸ ਹ

ਕ ਖ ਗ ਘ ਙ

ਚ ਛ ਜ ਝ ਞ

ਟ ਠ ਡ ਢ ਣ

ਤ ਥ ਦ ਧ ਨ

ਪ ਫ ਬ ਭ ਮ

ਯ ਰ ਲ ਵ ੜ

ਸ਼ ਖ਼ ਗ਼ ਜ਼ ਫ਼

ਲ਼

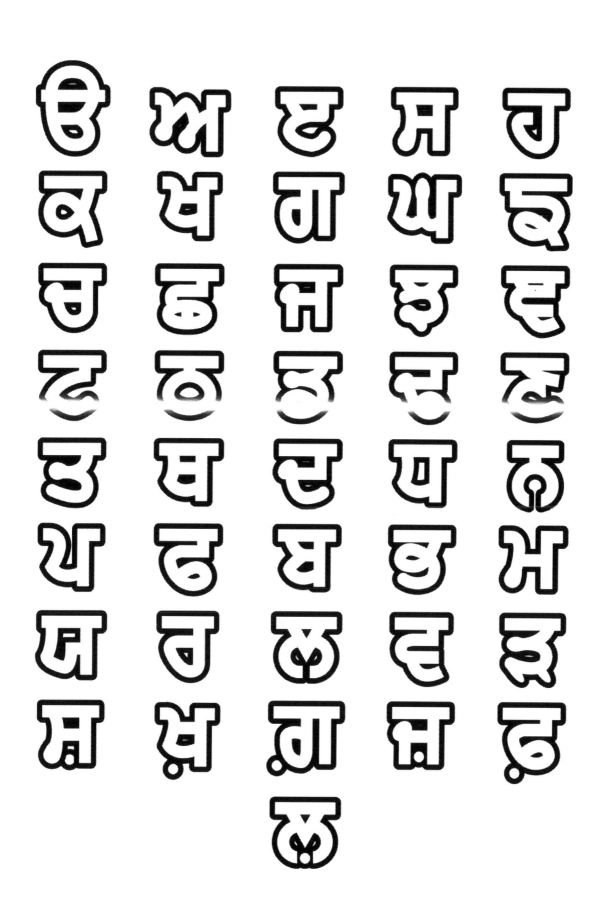

ੳ ਅ ੲ ਸ ਹ

ਕ ਖ ਗ ਘ ਙ

ਚ ਛ ਜ ਝ ਞ

ਟ ਠ ਡ ਢ ਣ

ਤ ਥ ਦ ਧ ਨ

ਪ ਫ ਬ ਭ ਮ

ਯ ਰ ਲ ਵ ੜ

ਸ਼ ਖ਼ ਗ਼ ਜ਼ ਫ਼

ਲ਼

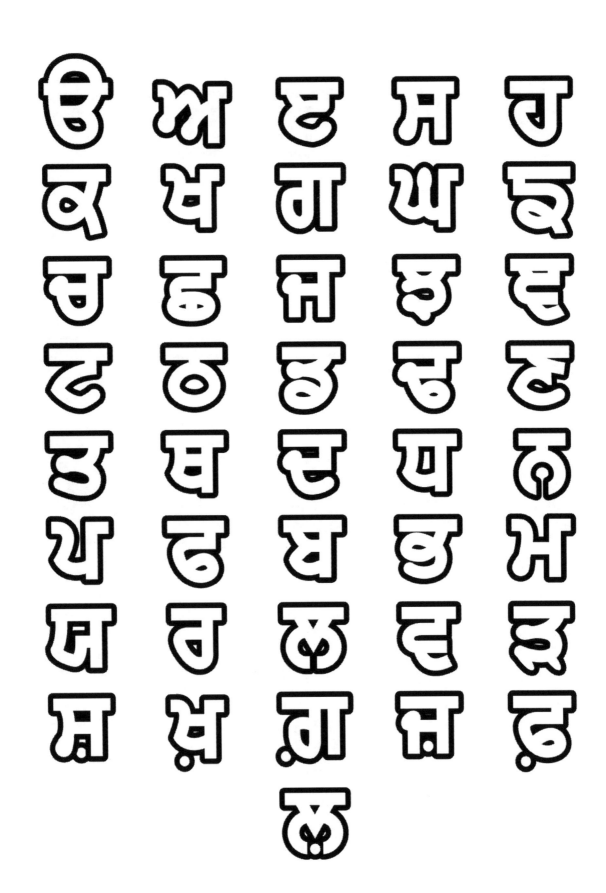

ੳ ਅ ੲ ਸ ਹ

ਕ ਖ ਗ ਘ ਙ

ਚ ਛ ਜ ਝ ਞ

ਟ ਠ ਡ ਢ ਣ

ਤ ਥ ਦ ਧ ਨ

ਪ ਫ ਬ ਭ ਮ

ਯ ਰ ਲ ਵ ੜ

ਸ਼ ਖ਼ ਗ਼ ਜ਼ ਫ਼

ਲ਼

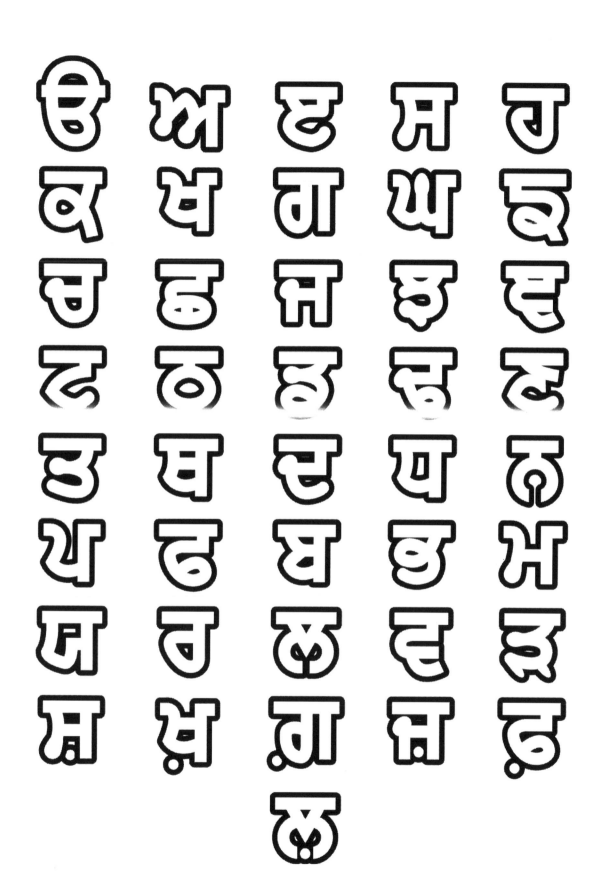

ੳ ਅ ੲ ਸ ਹ

ਕ ਖ ਗ ਘ ਙ

ਚ ਛ ਜ ਝ ਞ

ਟ ਠ ਡ ਢ ਣ

ਤ ਥ ਦ ਧ ਨ

ਪ ਫ ਬ ਭ ਮ

ਯ ਰ ਲ ਵ ੜ

ਸ਼ ਖ਼ ਗ਼ ਜ਼ ਫ਼

ਲ਼

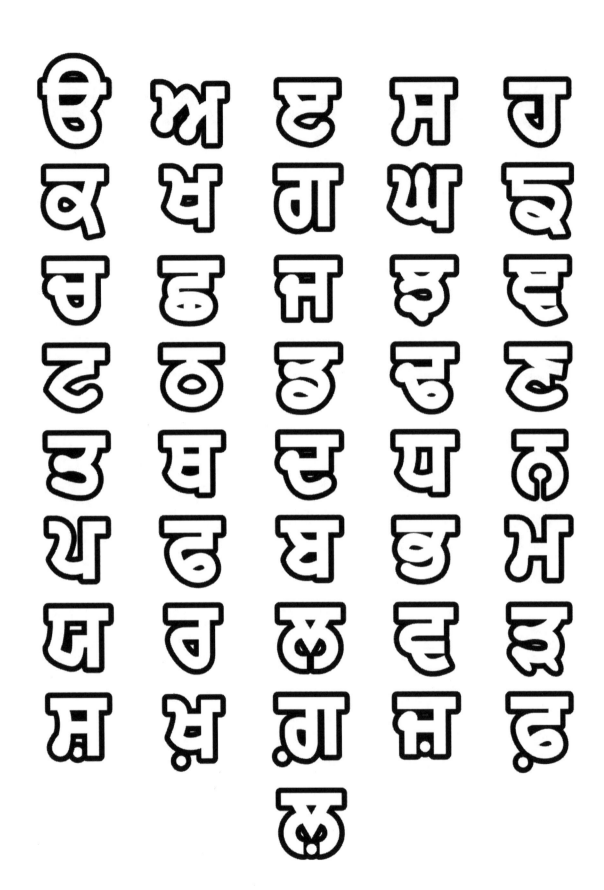

ੳ ਅ ੲ ਸ ਹ

ਕ ਖ ਗ ਘ ਙ

ਚ ਛ ਜ ਝ ਞ

ਟ ਠ ਡ ਢ ਣ

ਤ ਥ ਦ ਧ ਨ

ਪ ਫ ਬ ਭ ਮ

ਯ ਰ ਲ ਵ ੜ

ਸ਼ ਖ਼ ਗ਼ ਜ਼ ਫ਼

ਲ਼

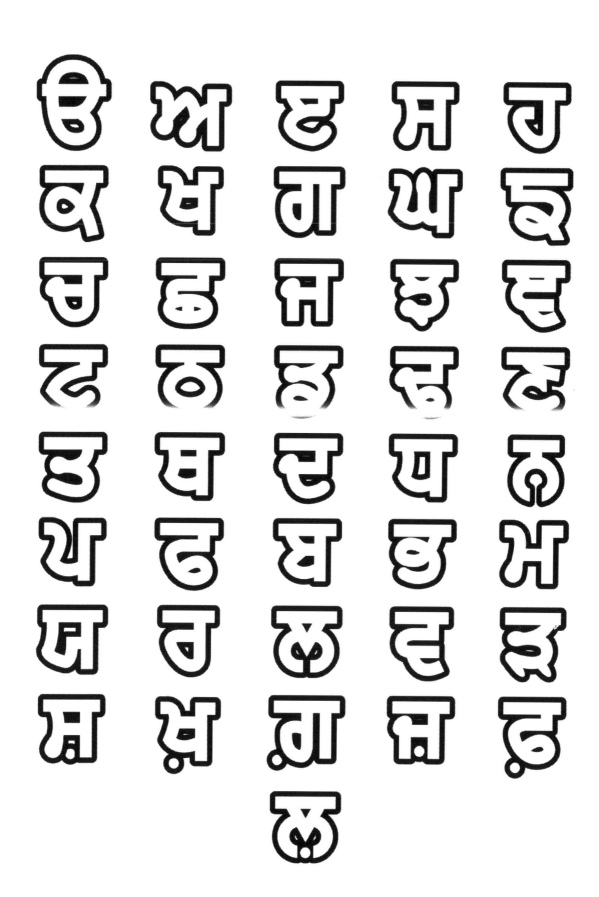

ੳ ਅ ੲ ਸ ਹ

ਕ ਖ ਗ ਘ ਙ

ਚ ਛ ਜ ਝ ਞ

ਟ ਠ ਡ ਢ ਣ

ਤ ਥ ਦ ਧ ਨ

ਪ ਫ ਬ ਭ ਮ

ਯ ਰ ਲ ਵ ੜ

ਸ਼ ਖ਼ ਗ਼ ਜ਼ ਫ਼

ਲ਼

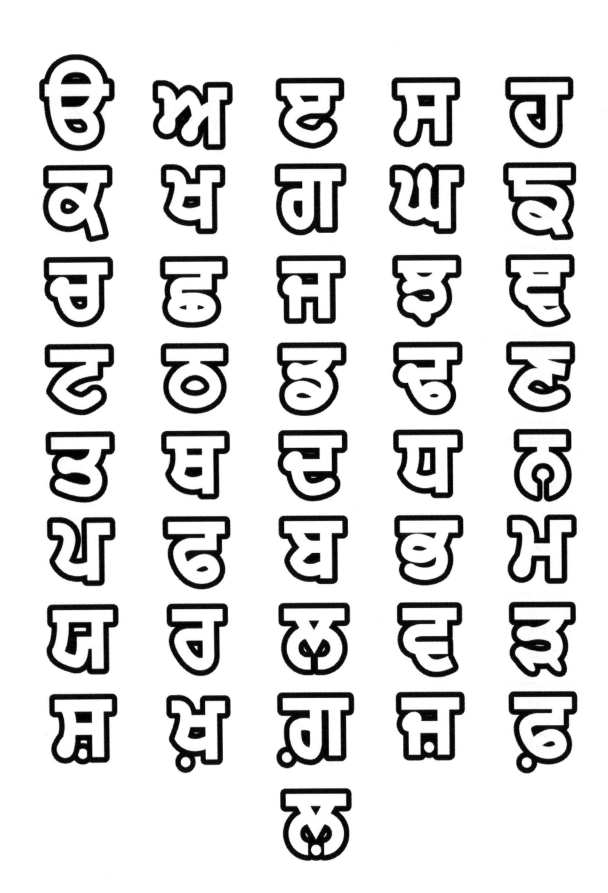

ੳ ਅ ੲ ਸ ਹ

ਕ ਖ ਗ ਘ ਙ

ਚ ਛ ਜ ਝ ਞ

ਟ ਠ ਡ ਢ ਣ

ਤ ਥ ਦ ਧ ਨ

ਪ ਫ ਬ ਭ ਮ

ਯ ਰ ਲ ਵ ੜ

ਸ਼ ਖ਼ ਗ਼ ਜ਼ ਫ਼

ਲ਼

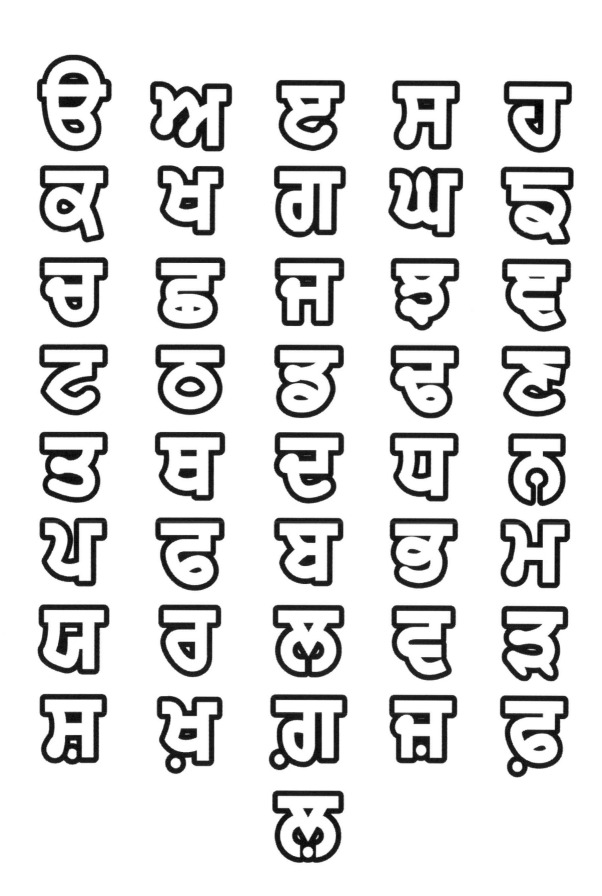

ੳ ਅ ੲ ਸ ਹ

ਕ ਖ ਗ ਘ ਙ

ਚ ਛ ਜ ਝ ਞ

ਟ ਠ ਡ ਢ ਣ

ਤ ਥ ਦ ਧ ਨ

ਪ ਫ ਬ ਭ ਮ

ਯ ਰ ਲ ਵ ੜ

ਸ਼ ਖ਼ ਗ਼ ਜ਼ ਫ਼

ਲ਼

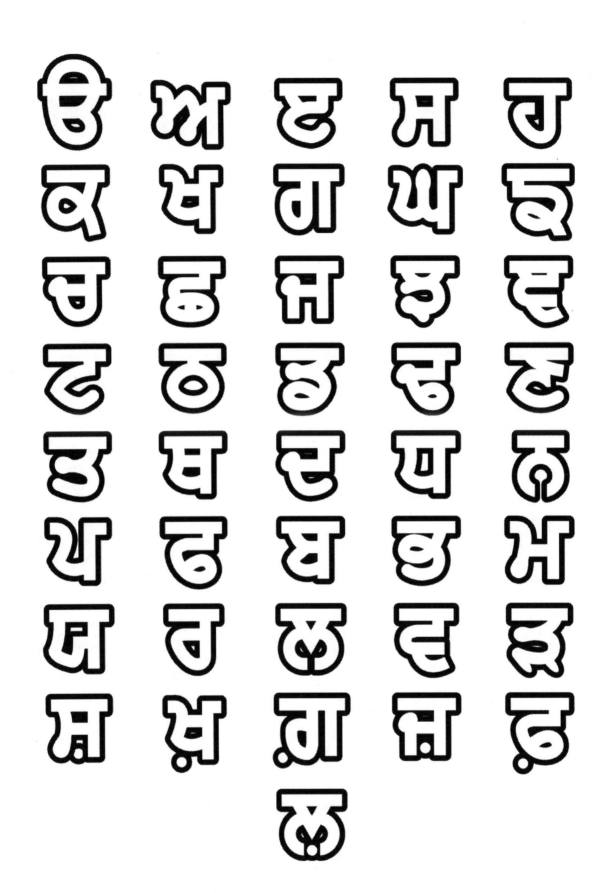

ੳ ਅ ੲ ਸ ਹ

ਕ ਖ ਗ ਘ ਙ

ਚ ਛ ਜ ਝ ਞ

ਟ ਠ ਡ ਢ ਣ

ਤ ਥ ਦ ਧ ਨ

ਪ ਫ ਬ ਭ ਮ

ਯ ਰ ਲ ਵ ੜ

ਸ਼ ਖ਼ ਗ਼ ਜ਼ ਫ਼

ਲ਼

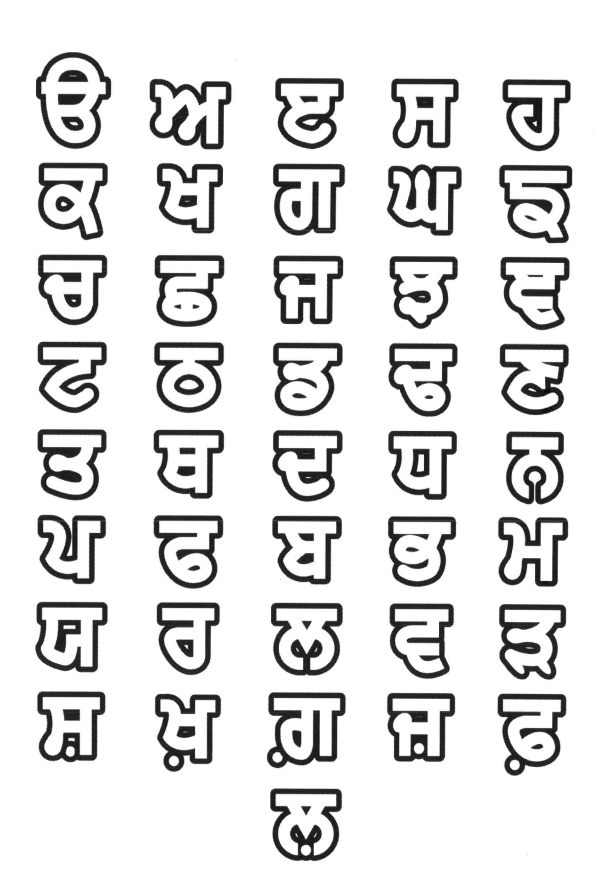

ੳ ਅ ੲ ਸ ਹ

ਕ ਖ ਗ ਘ ਙ

ਚ ਛ ਜ ਝ ਞ

ਟ ਠ ਡ ਢ ਣ

ਤ ਥ ਦ ਧ ਨ

ਪ ਫ ਬ ਭ ਮ

ਯ ਰ ਲ ਵ ੜ

ਸ਼ ਖ਼ ਗ਼ ਜ਼ ਫ਼

ਲ਼

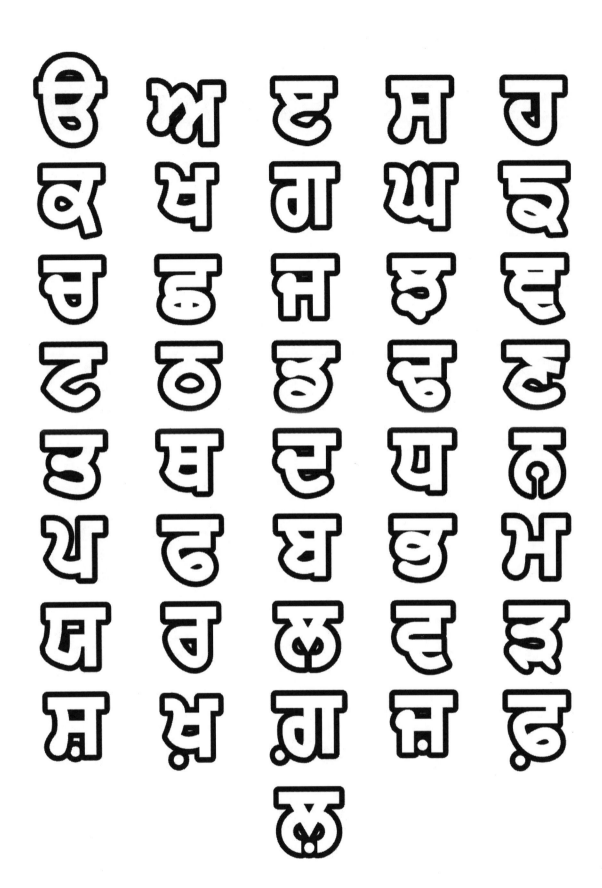

ੳ ਅ ੲ ਸ ਹ

ਕ ਖ ਗ ਘ ਙ

ਚ ਛ ਜ ਝ ਞ

ਟ ਠ ਡ ਢ ਣ

ਤ ਥ ਦ ਧ ਨ

ਪ ਫ ਬ ਭ ਮ

ਯ ਰ ਲ ਵ ੜ

ਸ਼ ਖ਼ ਗ਼ ਜ਼ ਫ਼

ਲ਼

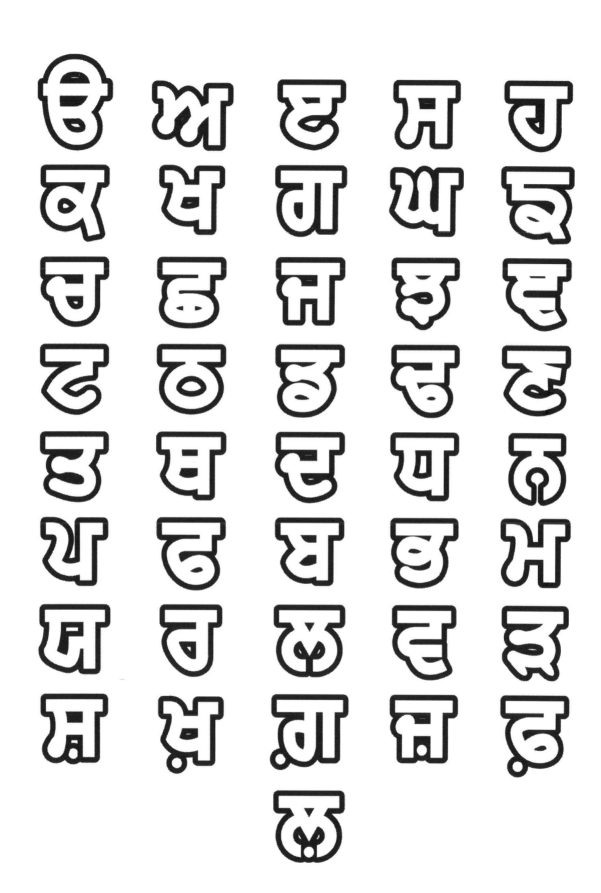

ੳ ਅ ੲ ਸ ਹ

ਕ ਖ ਗ ਘ ਙ

ਚ ਛ ਜ ਝ ਞ

ਟ ਠ ਡ ਢ ਣ

ਤ ਥ ਦ ਧ ਨ

ਪ ਫ ਬ ਭ ਮ

ਯ ਰ ਲ ਵ ੜ

ਸ਼ ਖ਼ ਗ਼ ਜ਼ ਫ਼

ਲ਼

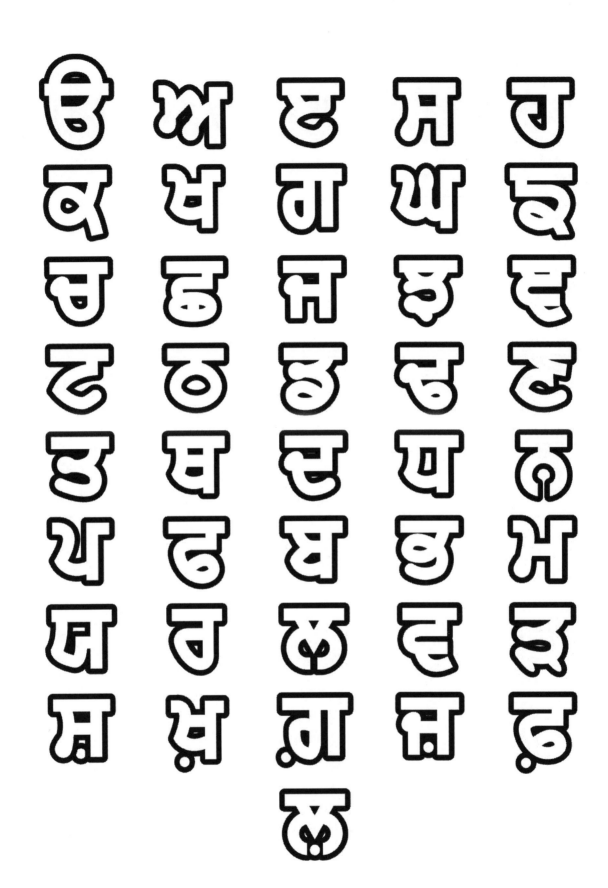

ੳ ਅ ੲ ਸ ਹ

ਕ ਖ ਗ ਘ ਙ

ਚ ਛ ਜ ਝ ਞ

ਟ ਠ ਡ ਢ ਣ

ਤ ਥ ਦ ਧ ਨ

ਪ ਫ ਬ ਭ ਮ

ਯ ਰ ਲ ਵ ੜ

ਸ਼ ਖ਼ ਗ਼ ਜ਼ ਫ਼

ਲ਼

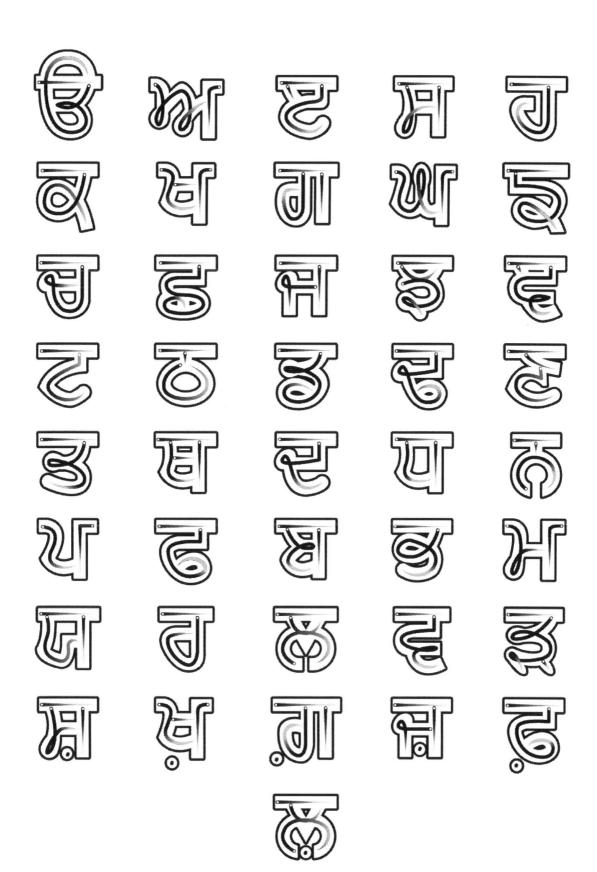

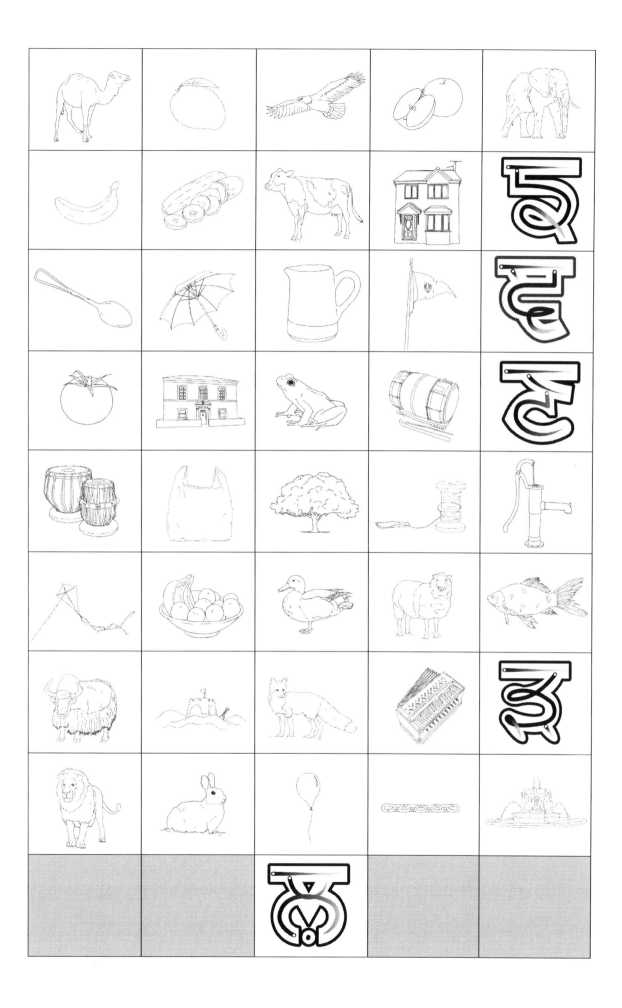

73151899R00069

Made in the USA
San Bernardino, CA
01 April 2018